TT 56
b 952

LES GRENOUILLES

QUI DEMANDENT LA LIBERTÉ

PARIS

Imprimerie de L. Tinterlin et C.
rue Neuve-des-Bons-Enfants, 3.

LES
GRENOUILLES

QUI DEMANDENT LA LIBERTÉ

> « La France fut jadis un pays libre et honoré. »
> Un Député.
> (Séance du 21 mars 1860.)

PARIS

E. DENTU, LIBRAIRE-ÉDITEUR

PALAIS-ROYAL, 13, GALERIE D'ORLÉANS

1860

LES GRENOUILLES

QUI DEMANDENT LA LIBERTÉ

❧

I

Quand les insultes écloses au sein des parlements anglais arrivent jusqu'à nous, elles ont traversé les mers et nous atteignent à peine. Celles qui s'élèvent de la tribune française nous frappent en plein visage.

Citoyens et soldats, vous voilà prévenus, vos sacrifices et vos victoires sont déjà lettres mortes, — un de vos orateurs l'a dit : « La France fut honorée. »

Pauvre orateur! n'est-ce pas? s'il a parlé pour parler; triste orateur! s'il n'est que l'écho de ces Anglo-Italiens de Nice qui se montrent si « fiers d'avoir trouvé dans la *noble et libre* Angleterre des défenseurs aussi zélés et des sympathies aussi chaleureuses. »

Quoi qu'il en soit, il y a des rapprochements malheureux. — D'autant plus malheureux ici que, n'en déplaise à Monsieur le député, Nice et la Savoie n'ont pas l'air très-affecté de venir partager notre esclavage et notre honte, et que, dans cette France, à laquelle tous ses efforts ne pourront enlever son prestige, s'il est un seul coin vraiment digne de pitié, c'est celui qu'il a pour mission de représenter.

Voilà pour l'honneur, passons à la liberté.

II

Qu'est-ce que la liberté? Est-ce la négation des devoirs ou bien la garantie des droits déterminés par la loi? Les uns l'entendent d'une façon et les autres de l'autre, sans compter les prestidigitateurs de la logique, qui l'entendent comme le veulent les besoins de leur cause.

Nous n'avons ni le désir ni la prétention d'entrer en lutte d'arguments avec de tels joûteurs; — nous voulons simplement exprimer ce que tout le monde pense, ce que tout le monde dirait, sans la répugnance que chacun éprouve à braver la tyrannie des tréteaux.

Nous avons vu tant de fuyards se draper fièrement dans le manteau des vaincus, tant d'égoïsmes grossiers et d'ambitions mesquines arborer les couleurs du dévouement et du patriotisme; nous voyons, chaque jour, tant de fanfarons de beaux sentiments, que nous nous estimerions fort humiliés d'être compté parmi les dupes de semblables impudences.

Voilà pourquoi nous élevons la voix, quelque faible qu'elle puisse être, persuadé que le mensonge ne triompherait jamais, si l'on avait toujours le courage de dire la vérité.

C'est le seul mérite auquel nous prétendions; faible

mérite, sans doute, mais assez rare pour qu'on puisse le revendiquer avec orgueil.

De tout temps, en effet, la vérité fut difficile à dire, elle est impossible aujourd'hui.

Voulez-vous rendre justice au mérite? Aussitôt les envieux de se récrier! et les envieux pullulent.

Dépouillez-vous un geai de ses plumes de paon? le vulgaire, qui préfère le masque brillant à la simple réalité, vous en sait mauvais gré. Le vulgaire! Hâtons-nous de le dire : par ce mot, nous n'entendons pas désigner le vrai peuple, mais cet ensemble de soi-disant érudits, chez qui la prétention a tué le bon sens ; ridicules pédants qui voient la lettre en toutes choses, et nulle part l'esprit ; naïfs moutons de Panurge, toujours prêts à bêler la même note que les premiers ; méchants claqueurs, enfin, dont la niaiserie sert d'aliment aux plus robustes vanités.

C'est pour le vulgaire qu'on entend jeter en l'air tant de mots à effet et qu'on voit emprunter tant d'attitudes opprimées ; c'est pour lui que font appel au scandale et même à la sédition, tant d'idolâtres de la liberté dont l'unique souci serait certainement de l'étouffer si jamais ils en avaient le pouvoir.

Imprudents! Qu'ils prennent garde! La révolution, dont ils menacent les autres, pourrait bien se retourner contre eux ; et la révolution n'a peut-être qu'un regret aujourd'hui, celui d'avoir fait un usage aussi modéré de son dernier triomphe.

III

On a dit récemment que le moment était venu pour chacun de prendre sa place de combat ; on l'a dit en présence d'une menace de coalition, et l'on se plaint de manquer de liberté !

Eh bien ! si l'Europe s'obstinait à tenir la France en état de suspicion morale, si les rois n'avaient pas assez de grandeur d'âme pour pardonner à Napoléon de les reléguer aussi manifestement à l'arrière-plan ; si des alliés jaloux nous rappelaient sans cesse le « *Timeo Danaos* » du poëte latin ; enfin, si la coalition se faisait, la France, nous l'espérons, par égard pour les combattants de la frontière, ferait meilleure justice de ce genre de combat.

Elle n'a pas encore oublié que 1815 fut aussi salué comme une ère de liberté.

Sans doute, il est admis aujourd'hui que cette liberté-là fut sa plus grande honte ; mais il ne faut pas se le dissimuler, tous les partis, anciens et nouveaux, ont encore leurs ultramontains : à côté d'hommes patriotes avant tout ou, du moins, disposés à faire à leurs sentiments de nationalité le sacrifice de principes surannés, ils comptent bon nombre d'ambitieux sans frein ni pudeur, qui s'obstinent à considérer la France comme un pays conquis, taillable et corvéable à merci, ou bien qui prennent insolemment pour devise : *Ubi libertas, ibi patria.*

N'oublions pas de mentionner les rancuniers parlementaires de toutes les couleurs, sur lesquels le pays ne doit jamais compter, parce qu'ils ne trouvent pas le temps d'agir lorsqu'ils occupent la tribune et qu'ils ne savent que se lamenter lorsqu'ils en sont chassés.

Ces gens-là, nous le savons, ne se feraient aucun scrupule, par haine, intérêt ou vanité, de jouer le salut de la patrie sur un mot auquel ils ne croient pas.

IV

Vous ne croyez pas à la liberté telle que vous la demandez, et bientôt, heureusement, vous n'y ferez plus croire personne, alors que le temps et les circonstances auront initié le vulgaire aux intentions de ceux que vous attaquez ; et, dès à présent, toutes vos arguties et vos subtilités n'empêcheront pas la loi consentie par tous, fût-elle défectueuse en soi, d'être la liberté.

Est-ce à dire que cette loi ne soit pas susceptible de modifications ? Au contraire ; mais il faut que chaque chose vienne à son heure, sous peine d'avortement.

En d'autres termes, il faut savoir subordonner les principes aux circonstances et non les circonstances aux principes, comme le voudraient les utopistes et les chicaneurs.

Ainsi, le principe de la liberté ne saurait s'appliquer de la même façon aux Arabes qu'aux Français, et même, quoi qu'on en dise, aux Français qu'aux Anglais.

On a déjà vu le déplorable effet produit par le parlementarisme sur le tempérament français, et nous ne conseillerions pas, par exemple, à nos chefs de famille, d'adopter la méthode anglaise pour l'éducation des jeunes filles, tant qu'on n'aura pas su rendre Joseph moins ridicule à nos yeux.

L'homme, en général, imite volontiers; l'homme d'esprit seul sait imiter; car il est plus difficile qu'on ne pense de discerner le bon du mauvais, et surtout l'applicable de l'absurde.

Tenez-vous absolument à copier les Anglais?

Adoptez leur hardiesse dans les entreprises industrielles et leur quasi-loyauté dans les transactions commerciales; mais n'empruntez pas, de grâce, leur air grotesque et leurs attitudes empesées.

Acquérez, si vous pouvez, leur haute intelligence des affaires; mais laissez-là leur esprit lourd et grossier.

Il ne convient pas qu'Athènes subisse la loi de la Béotie.

V

S'il est un terrain où la France doit surtout éviter d'accepter des modèles, c'est celui de la liberté; — car, n'en déplaise aux plus surexcités des orateurs d'outre-Manche et comme à nos plus sublimes avortons du martyre, la France est, avant tout, le foyer de la vraie liberté.

Nous le disons hautement, fièrement; car c'est notre œuvre à tous.

Nous avons combattu pour elle et nous l'avons votée.

Tant pis pour la mauvaise foi comme pour la grossière vanité qui nous appellent tantôt esclaves et tantôt ignorants.

Ces esclaves ont voté malgré vous et malgré vos calomnies, et ces ignorants, s'ils n'ont rien appris, ont encore moins oublié que, sans la loi de Napoléon, la liberté de 93 eût anéanti les effets de la justice de 89, et, nous en avons la ferme conviction, ils ne sont pas près d'oublier que, sans l'heureuse intervention, source de toutes vos clameurs, la liberté de 48 nous eût tôt ou tard ramené celle de 93.

VI

Loin de nous, cependant, la pensée de donner à tous les champions de la liberté une importance qu'ils n'ont pas.

La plupart, rêveurs inoffensifs, hommes de métier ou niais remorqués, sont bien plus à plaindre qu'à redouter.

Nous n'en avons ici qu'aux habiles dont l'ambition est la suprême loi et pour qui la liberté n'est autre chose que leur bon plaisir.

Celle que nous voulons conserver a pour base la solidarité ; c'est la liberté de tous. Or, pour que le peuple puisse en avoir assez, il ne faut pas qu'une classe en ait trop, qu'elle s'appelle noblesse, bourgeoisie ou populace.

La France a pu jadis subir, sans humiliation, le joug

d'une noblesse qui jeta sur elle tant d'éclat et de grandeur ; mais, aujourd'hui, qu'est devenue cette noblesse ? L'excès même de ses qualités l'a tuée ; moins bien inspirée que celle d'Angleterre, qui s'est occupée à temps des affaires de l'État, la nôtre est restée presqu'exclusivement guerrière.

Dieu nous garde de lui en faire un crime ; mais ce fut pour elle une grande faute, d'autant plus grande que, mieux instruite, elle eût certainement épargné de grands malheurs à la France, en dirigeant son mouvement de rénovation sociale, au lieu d'y résister ou de fuir.

La noblesse est donc tombée pour ne se relever jamais, du moins en tant que noblesse de caste.

La bourgeoisie ferait sagement de renoncer à l'espoir de régner encore en France ; ses libertés ont coûté trop cher au peuple pour qu'il soit tenté de se laisser apitoyer par ses doléances.

Quant à la populace, on connaît ses procédés.

Cependant, noblesse, bourgeoisie et populace ne se découragent pas. Liberté ! liberté ! s'écrient-elles à l'envi. Ajoutons, pour la plus grande édification de tous, qu'on ne vit jamais commères s'entre-déchirer mieux.

Laissons-les donc aux prises et constatons avec joie l'impuissance des partis en face de l'idée vraiment démocratique.

Qui dit parti, du reste, dit négation de tout esprit de justice et de solidarité. Quiconque s'y dévoue n'est plus un homme, c'est un instrument ; s'il est bon, impartial, généreux, son parti le rendra méchant, envieux, vindicatif ; sinon, il en fait un renégat.

Aussi n'y voit-on jamais rester un seul homme d'idée ; parce que l'idée est au parti ce qu'est au mensonge la vérité, ce qu'est le mouvement à l'immobilité ; l'un est l'absolutisme du principe, l'autre en est l'application judicieuse et raisonnée.

Lorsque le gouvernement, qu'il s'appelle empire, république ou royauté, sait comprendre les aspirations et les véritables intérêts du pays, il a l'idée pour lui ; sinon il n'est qu'un parti.

C'est ainsi qu'en France, la royauté, quoique née de la conquête, fut légitimée par une grande idée que les vaincus ne songeaient pas à réaliser, celle de l'unité nationale.

C'était une rude tâche, si l'on en juge par les difficultés qu'éprouvent encore de nos jours d'autres empires à se constituer.

A peine cette tâche fut-elle remplie, qu'une autre idée surgit, celle de l'unité sociale.

La royauté ne la comprit pas et se mit contre elle à la tête du parti de la conquête.

Funeste erreur, trop cruellement expiée ! Comme celle des républicains, du reste, qui, divisés en partis plus ou moins dévoués au tiers État ou à la populace, n'eurent pas l'idée ou peut-être le temps de songer aux intérêts du vrai peuple.

C'est alors que parut l'homme en qui devait s'incarner le principe démocratique.

De là l'idée napoléonnienne.

VII.

Un exemple nous permettra d'écarter de notre pensée tout soupçon de partialité.

Supposons pour un instant l'Algérie détachée de la métropole pour former un empire à part. A qui reviendrait, en droit, le gouvernement du nouvel État ? aux Européens ou bien aux Africains ? Où serait la légitimité, qu'elle s'appelle droit divin ou simplement droit civilisateur ?

Nous le demandons au plus intraitable égalitaire comme au théoricien le plus absolu.

Supposons maintenant que dans un avenir plus ou moins éloigné, deux, cinq ou dix siècles, n'importe, supposons que la race arabe, race intelligente et forte, à qui ne manque qu'une bonne impulsion, ait atteint le degré de civilisation nécessaire pour pouvoir s'occuper avec fruit de ses intérêts.

Que fera-t-elle si la civilisation ne l'a pas fait dégénérer ?

Elle fera certainement observer au pouvoir qu'elle compte trois millions d'indigènes soumis à la loi de cent mille étrangers.

Si le pouvoir est sage et prudent, s'il comprend que le moment de la fusion est venu et s'il s'occupe de la réaliser, l'idée le sauvera.

Mais si la caste européenne lui souffle son esprit de parti, s'il traite ses sujets en rebelles au lieu de les écouter, malheur à lui !

Qu'il se présente alors un homme de l'une ou l'autre race qui se montre, par ses actes et par son génie, digne de constituer le nouveau peuple et que tous l'acclament ! où sera la légitimité ?

C'est la légitimité du fait accompli, dira-t-on.

Oui et non.

Oui, si le fait s'accomplit avec intelligence, à-propos et justice ; non, s'il est intempestif, inique ou maladroit.

Mais qui sera juge en pareille matière?

L'opinion.

En veut-on la preuve?

L'opinion a-t-elle absous la restauration par l'étranger, l'escamotage de 1830 et l'ineptie de 48?

Non.

Eh bien, qu'on se souvienne avec quelle avidité le peuple français a saisi la première occasion qui s'est offerte à lui de rappeler l'héritier de Napoléon !

Rien n'a pu contenir son élan, ni l'ignoble mensonge, ni la toute-puissance attribuée à l'administration.

C'est que Napoléon est l'orgueil du peuple, et que son héritier représentait la suite et l'unité dans la direction, sans lesquelles il n'y a pour les États ni grandeur durable ni complète sécurité.

VIII

Rien n'oblige autant que l'élection. Elle impose à l'élu la plus délicate et la plus difficile des missions, celle de sauvegarder les intérêts de tous contre les prétentions et les empiétements de quelques-uns.

Or, l'humanité est ainsi faite, que les abus y prennent volontiers la place d'autres abus.

Quiconque en supprime un , fait acte de tyrannie.

Qu'il s'appelle Napoléon ou Richelieu, pour les exploiteurs de la liberté comme pour ceux de la féodalité, c'est un despote.

Heureusement que le peuple sait à quoi s'en tenir, et qu'il se réjouit de voir rendre de plus en plus impossible le retour de ces intempérances de mots, au milieu desquelles le citoyen le plus inoffensif n'est jamais assuré de vivre à l'abri des injures et de la calomnie.

IX

Telle est l'opinion de la France aujourd'hui. — N'est-ce pas aussi celle que vous avez au fond de la conscience, vous tous qui la combattez?

Nous ne le demandons pas à ceux qui se déchaînent en ce moment contre les libertés de l'Église, et si la tribune et le gibet révolutionnaires pouvaient se dresser en face de la chaire et du confessionnal, nous n'aurions certainement pas besoin de le demander à ceux qui montent avec tant d'imprévoyance sur la brèche; car ils seraient alors les premiers à crier : A bas la liberté! Pauvre liberté!

C'est ainsi, du reste, en toutes choses. — Les plus arrogants en paroles sont souvent les moins solides à l'œuvre.

Combien d'hommes, en effet, se disent friands de la lame, qui ne brillent pas sur le terrain; combien de Don Juan, à les en croire, qui sont do tristes sires en réalité; combien de Brutus affichent un mépris souverain pour les plus grands monarques, qui sont, *in petto,* les très-humbles valets de leur portier !

H. MORVAN.

* 9 7 8 2 0 1 1 7 6 0 7 9 1 *